DIE GEHEIMSTEN ORTE DER WELT

GESCHRIEBEN VON
PATRICK MAKIN

ILLUSTRIERT VON
WHOOLI CHEN

AUS DEM ENGLISCHEN VON
STEFANIE BRÄGELMANN

WO MÖCHTEST DU HIN?

Die Welt ist geheimnisvoller, als du denkst.
Im Zeitalter der Informationen und der Entdeckungen scheint uns die Welt offen zu stehen, mehr als jemals zuvor ... aber manche Orte bleiben uns verwehrt, egal was wir tun, um dorthin zu gelangen. Einige sind schlicht unerreichbar. Andere sind zu gefährlich, um sie zu besuchen. Wieder andere bergen gut gehütete Geheimnisse. Und einige der faszinierendsten Orte sind verschollen und gehören der Geschichte an. Bis jetzt ...

Dein fliegender Teppich trägt dich in die entlegensten Winkel der Erde, zu Orten, die jahrhundertelang verborgen waren, und zu den Geheimnissen der rätselhaftesten Stätten.

Mach dich bereit zum Staunen!

BITTE BEACHTEN:
Trotz aller Freude am Abenteuer raten wir Leserinnen und Lesern ausdrücklich davon ab, einen der hier vorgestellten Orte aufzusuchen. Autor und Herausgeber haften nicht für Verluste, Verletzungen oder Schäden, die sich im Anschluss an Informationen aus diesem Buch ergeben sollten.

INHALT

BOUVET-INSEL

– Südatlantik –

DER ENTLEGENSTE ORT DER WELT

Die Bouvetinsel wird aus mehreren Gründen nur selten besucht. Zunächst einmal handelt es sich um eine fast 50 Quadratkilometer große, menschenleere Eisfläche auf einem Vulkan mitten im eiskalten Südatlantik. Hinzu kommt, dass die Insel von steilen Klippen und einem der stürmischsten Meere unseres Planeten umgeben ist. Außerdem zerstörte ein Erdbeben 2006 eine wissenschaftliche Forschungsstation auf der Insel. Der Hauptgrund ist jedoch, dass die Bouvetinsel die abgelegenste Insel der Welt ist ... Selbst mit einem fliegenden Teppich ist die Anreise kein Kinderspiel!

VIELFÄLTIGE TIERWELT

Obwohl die Bouvetinsel unbewohnt ist, sind hier zahlreiche Wildtiere zu Hause, darunter Albatrosse, Schneesturmvögel, Pelzrobben und Hunderte von Zügel- und Goldschopfpinguinen. Seit 1971 sind die Insel und die umliegenden Gewässer als Naturschutzgebiet ausgewiesen.

DIE ERSTE REISE

Die Insel wurde erstmals 1739 vom französischen Entdecker Jean-Baptiste Charles Bouvet de Lozier im Rahmen einer Antarktisexpedition gesichtet. Die Reise zu ihr war so beschwerlich, dass ein Großteil der Besatzung erkrankte und Jean-Baptiste die Mission abbrechen musste, da die Vorräte zur Neige gingen. Schlimmer noch: Die Insel war so abgelegen, dass falsche Koordinaten notiert wurden und sie erst 69 Jahre später wiedergefunden werden konnte!

DAS LEBEN IM WASSER

Mit etwas Glück kann man bei einem Besuch der Insel Orcas und Buckelwale beobachten, die nah an der Küste vorbeischwimmen.

GESTRANDET

Die Bouvetinsel ist unbewohnt, weil die Lebensbedingungen für uns Menschen zu rau sind. 1964 stieß man bei einer der seltenen Erkundungen der Insel auf das gestrandete Rettungsboot eines Walfängerschiffs. An Bord befand sich zwar noch Proviant, aber sonst gab es keinerlei Spuren von Leben.

VÖLLIGE ISOLATION

Die Bouvetinsel trennen über 1600 Kilometer vom nächsten Festland, der Antarktis. Die nächste bewohnte Landfläche, Tristan da Cunha, ist etwa 2250 Kilometer entfernt und ihrerseits die abgelegenste bewohnte Insel der Welt.

FLAGGE ZEIGEN

Seit 1930 gehört die Bouvetinsel zum Außengebiet des fast 13.000 Kilometer entfernten Norwegen.

Auf Norwegisch heißt die Insel Bouvetøya, zu Ehren von Jean-Baptiste.

VULKAN ARENAL

– Provinz Alajuela, Costa Rica –

DER VERBOTENE REGENWALD

Obwohl der Vulkan Arenal in Costa Rica derzeit nicht aktiv ist, darf man sich seinem Krater nicht nähern. Ein kurzer Blick vom fliegenden Teppich nach unten auf den paradiesischen Regenwald zeigt Schlote, aus denen 200 Grad Celsius heiße Gase entweichen, und zerklüftete baumlose Schneisen, die von haushohen Felsbrocken gerissen wurden! Bereite dich rasch auf den Rückzug vor: Nur weil der Arenal gerade schläft, heißt das nicht, dass sich das nicht schnell ändern kann. 1968 brach der Vulkan nach 400 Jahren plötzlich ohne Vorwarnung aus, zerstörte drei Dörfer und hinterließ eine Spur der Verwüstung.

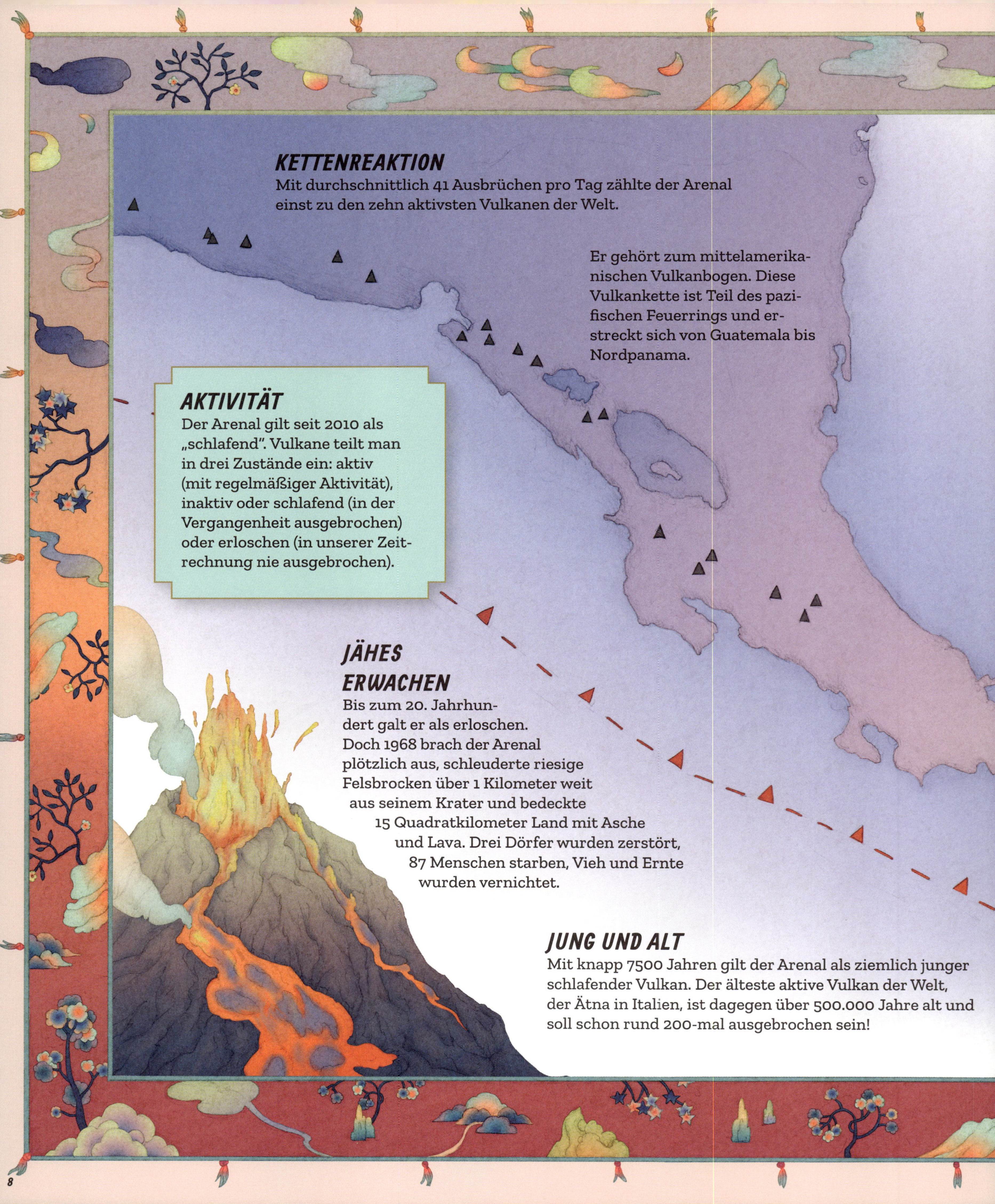

KETTENREAKTION

Mit durchschnittlich 41 Ausbrüchen pro Tag zählte der Arenal einst zu den zehn aktivsten Vulkanen der Welt.

Er gehört zum mittelamerikanischen Vulkanbogen. Diese Vulkankette ist Teil des pazifischen Feuerrings und erstreckt sich von Guatemala bis Nordpanama.

AKTIVITÄT

Der Arenal gilt seit 2010 als „schlafend". Vulkane teilt man in drei Zustände ein: aktiv (mit regelmäßiger Aktivität), inaktiv oder schlafend (in der Vergangenheit ausgebrochen) oder erloschen (in unserer Zeitrechnung nie ausgebrochen).

JÄHES ERWACHEN

Bis zum 20. Jahrhundert galt er als erloschen. Doch 1968 brach der Arenal plötzlich aus, schleuderte riesige Felsbrocken über 1 Kilometer weit aus seinem Krater und bedeckte 15 Quadratkilometer Land mit Asche und Lava. Drei Dörfer wurden zerstört, 87 Menschen starben, Vieh und Ernte wurden vernichtet.

JUNG UND ALT

Mit knapp 7500 Jahren gilt der Arenal als ziemlich junger schlafender Vulkan. Der älteste aktive Vulkan der Welt, der Ätna in Italien, ist dagegen über 500.000 Jahre alt und soll schon rund 200-mal ausgebrochen sein!

TÖDLICHES GIFT

Die hochgiftige Amerikanische Lanzenotter ist nur eine von vielen Schlangenarten, die im Gebiet um den Vulkan leben. Ein Biss dieser bis zu 2,5 Meter langen tödlichen Schlange kann zu Wundbrand oder Schlimmerem führen. Also: Füße hoch auf den fliegenden Teppich!

VOGELPERSPEKTIVE

Seinem feurigen Ruf zum Trotz bietet der Nationalpark rund um den Vulkan Arenal zahlreichen Tieren ein Zuhause. Zu den über 500 hier heimischen Vogelarten gehören Tukane und Kolibris.

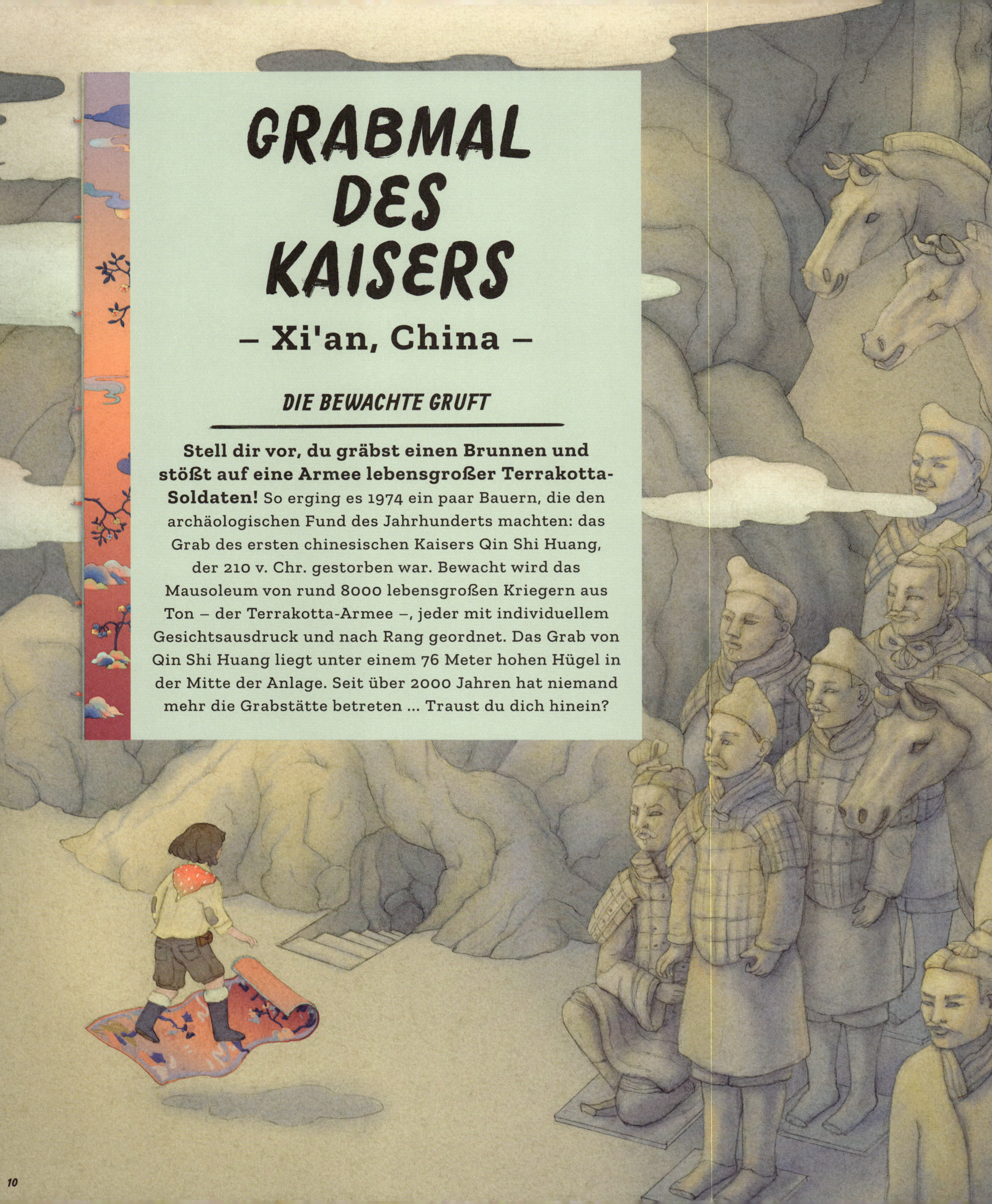

GRABMAL DES KAISERS

– Xi'an, China –

DIE BEWACHTE GRUFT

Stell dir vor, du gräbst einen Brunnen und stößt auf eine Armee lebensgroßer Terrakotta-Soldaten! So erging es 1974 ein paar Bauern, die den archäologischen Fund des Jahrhunderts machten: das Grab des ersten chinesischen Kaisers Qin Shi Huang, der 210 v. Chr. gestorben war. Bewacht wird das Mausoleum von rund 8000 lebensgroßen Kriegern aus Ton – der Terrakotta-Armee –, jeder mit individuellem Gesichtsausdruck und nach Rang geordnet. Das Grab von Qin Shi Huang liegt unter einem 76 Meter hohen Hügel in der Mitte der Anlage. Seit über 2000 Jahren hat niemand mehr die Grabstätte betreten … Traust du dich hinein?

DIE ERSTE DYNASTIE

221 v. Chr. eroberte der Herrscher von Qin, Qin Shi Huang (sprich „Tchin schüh hwang"), in einem Feldzug sechs Staaten, gründete das erste geeinte chinesische Reich und wurde dessen Kaiser. Er starb nur 11 Jahre später.

EINE GANZE ARMEE

Archäologischen Vermutungen zufolge wurde die Terrakotta-Armee gefertigt, um Qin Shi Huang ins Jenseits zu begleiten und ihn dort zu schützen. Sie bestand aus schätzungsweise 8000 Soldaten, 130 Streitwagen und 650 Pferden.

DAS LEBENSELIXIER

Im Grab selbst soll sich eine dreidimensionale „Landkarte" Chinas mit Seen und Flüssen aus flüssigem Quecksilber befinden. Die alten Chinesen glaubten, es könne ihnen zu ewigem Leben verhelfen. Qin Shi Huang setzte alles daran, dieses Lebenselixier zu finden, um unsterblich zu werden. Doch auch er konnte dem Tod nicht entkommen.

STÜCK FÜR STÜCK

Über 700.000 Arbeitskräfte sollen an der Herstellung der Armee mitgewirkt haben. Die einzelnen Körperteile wurden in Werkstätten gefertigt und dann mit einer Kitt genannten Substanz zusammengefügt. Jede der Figuren erhielt individuelle Gesichtszüge und wurde je nach ihrem Rang und ihrer Rolle entsprechend aufgestellt.

FÜR DIE EWIGKEIT

In den Gruben rings um das Grab fand man nicht nur Soldaten, sondern auch Musiker, Tänzerinnen und Akrobaten aus Ton – alle lebensfroh und mitten in der Darbietung. Jede Figur soll einen eigenen, unverwechselbaren Gesichtsausdruck gehabt haben und war einst bunt bemalt.

AUSGRABUNG UND ERHALTUNG

Qin Shi Huangs Grab soll erst für Untersuchungen geöffnet werden, wenn die Technologie so weit fortgeschritten ist, dass alles erhalten bleibt, was darin gefunden werden könnte. Möglicherweise wird es nie freigelegt, da die chinesische Regierung die Bestattungsriten ihres ersten Kaisers respektieren möchte.

POVEGLIA

– Venedig, Italien –

DIE GEISTERINSEL

Venedig, mit seinen wunderschönen Kanälen und Brücken, ist einer der romantischsten Orte der Welt. Doch über der Lagune von Venedig schwebend, entdecken wir noch eine andere Geschichte. Gegen Ende des 18. Jahrhunderts wurden auf der kleinen, unbewohnten Insel Poveglia Pestkranke in Quarantäne gehalten und nach ihrem Tod begraben. Später dienten die Gebäude auf der Insel als psychiatrische Klinik. Seit deren Schließung 1968 ist Poveglia für die Öffentlichkeit nicht mehr zugänglich. Heute gilt die „Insel ohne Wiederkehr" als einer der gespenstischsten Orte Italiens.

OHNE RÜCKFAHRKARTE

1793 wurde die Insel erstmals als Quarantänestation genutzt. Sie diente als Krankenhaus für alle, bei denen der Verdacht bestand, sie könnten an der Pest erkrankt sein, um Gesunde und Kranke zu trennen. Wer hierher gebracht wurde, verließ die Insel meist nie wieder. Über 100.000 Menschen liegen auf der Insel begraben.

1922 richtete man in den Gebäuden eine psychiatrische Klinik ein. Seit deren Schließung 1968 ist Poveglia unbewohnt.

DER VERRÜCKTE ARZT

Die psychiatrische Klinik wurde angeblich von einem „verrückten Arzt" geleitet, der alptraumhafte Experimente an den Kranken durchführte. Damit war es jedoch vorbei, als er vom mittelalterlichen Glockenturm stürzte und starb. Der Legende nach stieß ihn ein böser Geist. Das Läuten der Glocke sei noch Jahre, nachdem sie aus dem Turm entfernt wurde, zu hören gewesen!

ZUFLUCHTSORT

Poveglia war im Jahr 421 v. Chr. Zufluchtsort für alle, die vor den einfallenden Goten und Hunnen aus den umliegenden Städten und Dörfern geflohen waren. Doch 1379 wurde Poveglia von einer feindlichen Flotte angegriffen und die Bevölkerung siedelte nach Giudecca – eine andere Insel in der venezianischen Lagune – um.

DIE NATUR KEHRT ZURÜCK

Das verlassene Krankenhaus steht noch immer, obwohl es vor über 50 Jahren geschlossen wurde. Die vermeintlichen Spukhäuser sind von Pflanzen überwuchert, die an den bröckelnden Mauern entlang durch die zerbrochenen Fenster hineinwachsen.

STRAHLENDE ZUKUNFT

Seit Jahren versucht die italienische Regierung, die Insel zu verkaufen, in der Hoffnung, dass jemand das Krankenhaus in ein Luxushotel umwandelt. Seltsamerweise wurde aber bisher nichts über einen Verkauf bekannt, obwohl Venedig eines der beliebtesten Reiseziele der Welt ist. Merkwürdig ...

NAH DRAN

Poveglia ist für Besucher gesperrt und wird es als einziger Ort in der gesamten Lagune von Venedig nicht von öffentlichen Verkehrsmitteln angefahren. Wer jedoch mutig genug ist, kann eine Bootstour buchen, denn so kommt man dieser gespenstischen Friedhofsinsel am nächsten.

HÖHLE VON LASCAUX

– Montignac, Frankreich –

WO DIE ZEIT STILLSTEHT

Die Höhle von Lascaux wurde 1940 von vier Jugendlichen entdeckt und ist berühmt für ihre unglaublichen prähistorischen Kunstwerke. In den Tiefen der Höhle befinden sich 6000 gemalte Figuren, Tiere und Gravuren, die vermutlich bis zu 20.000 Jahre alt sind und von den ersten Menschen geschaffen wurden. Lenk deinen Teppich vorsichtig durch die Gänge – sie sind so empfindlich, dass sie seit 1963 gesperrt sind. Im Schein der Lampe entdeckst du vor allem Tiere, darunter Rothirsche, Pferde, Bisons sowie seit Jahrhunderten ausgestorbene Tierarten wie Auerochsen.

MENSCH UND TIER

Das einzige Abbild eines Menschen in der Höhle zeigt einen Mann im Kampf mit einem Bison. Der Mann ist scheinbar verletzt und der Bison von einem Speer durchbohrt. Auf anderen Bildern sind Pferde, Steinböcke, Löwen, ein Bär und ein Auerochse zu erkennen.

ZERSTÖRERISCHE PILZE

Als die Höhle der Öffentlichkeit zugänglich gemacht wurde, verblassten die Kunstwerke. An den Wänden bildeten sich Pilze, Bakterien und Kristalle, was die Malereien stark beschädigte. 1963 wurde die Höhle geschlossen, aber trotz aller Bemühungen, die Kunstwerke zu erhalten, breiteten sich die Pilze weiter aus. Im Jahr 2009 kamen 300 Fachleute aus aller Welt zusammen, um eine Lösung zu finden. Bis heute wird am Erhalt der Stätte gearbeitet.

UNERWARTETE ENTDECKUNG

Die Höhle wurde am 12. September 1940 vom 18-jährigen Marcel Ravidat entdeckt. Er stieß zufällig mit drei Freunden darauf, wenige Tage nachdem sein Hund Robot auf dem Hügel von Lascaux bei einem Spaziergang in einen Fuchsbau gefallen war. 1979 wurde die Höhle von der UNESCO zum Weltkulturerbe erklärt.

GENAUE KOPIE

Wer keinen fliegenden Teppich dabeihat, kann Lascaux II besuchen, eine perfekte Nachbildung der Höhle. Der 1983 eröffnete Nachbau liegt 200 Meter vom Original entfernt.

URZEITLICHES TAL

Die Höhle befindet sich in der Nähe der historischen Stadt Montignac am Ufer des Flusses Vézère. Im Vézère-Tal gibt es noch 24 weitere Höhlen mit Malereien ... aber keine ist so beeindruckend wie Lascaux.

FRÜHE KUNST

Vor 20.000 Jahren nutzte man für die unterschiedlichen Farbtöne in den Malereien verschiedene Mineralien: Hämatit für Rot, Holzkohle für Schwarz. Aufgetragen wurden die Pigmente mit den Fingern, Holzkohlestückchen oder Pinseln aus Haaren. Wissenschaftlichen Erkenntnissen zufolge, wurde wahrscheinlich im Schein von Lampen gemalt, die mit Tierfett brannten.

– Nevada, USA –

DIE GEHEIMNISVOLLE MILITÄRBASIS

Area 51 ist eine Militärbasis in Nevada, wo die US-Luftwaffe unter strengster Geheimhaltung Kampfflugzeuge testet. Aber stimmt das? Schau, ob du bei deinem lautlosen Nachtflug über der Wüste etwas siehst, das die Behauptungen eines gewissen Bob Lazar von 1989 stützt: Die US-Regierung lagere hier außerirdische Raumschiffe und er habe ein Dokument mit dem Foto eines Außerirdischen gesehen! Seitdem häufen sich Berichte über Außerirdische, Teleportation und andere seltsame Vorfälle. Die US-Regierung dementiert sie natürlich. Aber wie soll man das glauben, wenn Area 51 nicht öffentlich zugänglich ist und rund um die Uhr bewacht wird?

ACHTUNG
Sperrgebiet
FOTOGRAFIEREN UNTERSAGT

SPERRGEBIET
ZUTRITT VERBOTEN

MILITÄR-GELÄNDE

Landeplatz
für Außerirdische
375

DIE ERSTEN UFOS

Die ersten Gerüchte über außerirdische Flugzeuge kamen 1947 auf, als ein Ufo (unbekanntes Flugobjekt) auf eine Ranch nahe Roswell in New Mexico stürzte. Das US-Militär behauptet jedoch, dass es sich dabei lediglich um einen Wetterballon gehandelt habe.

MILITÄRGEHEIMNISSE

Laut US-Regierung war das Gebiet bereits 1955 Testgelände für die Lockheed U-2, ein neuartiges militärisches Aufklärungsflugzeug für große Höhen. Aber erst 2013, fast 60 Jahre später, gaben die Behörden zu, dass Area 51 überhaupt existiert. Wozu die ganze Geheimniskrämerei?

UNERHÖRTE BEHAUPTUNGEN

Die Area 51 geriet durch einen Mann namens Robert „Bob" Lazar ins Rampenlicht. Er gab an, im nahen S-4 gearbeitet zu haben, einem geheimnisvollen Ort, wo er fliegende Untertassen aus dem Weltraum nachbauen sollte. Später stellte sich heraus, dass Bob ein Betrüger war, der über seine Tätigkeit in der Area 51 und seine gesamte Ausbildung gelogen hatte. Er behauptete jedoch, die US-Regierung habe seine Unterlagen vernichtet, um ihn in Verruf zu bringen.

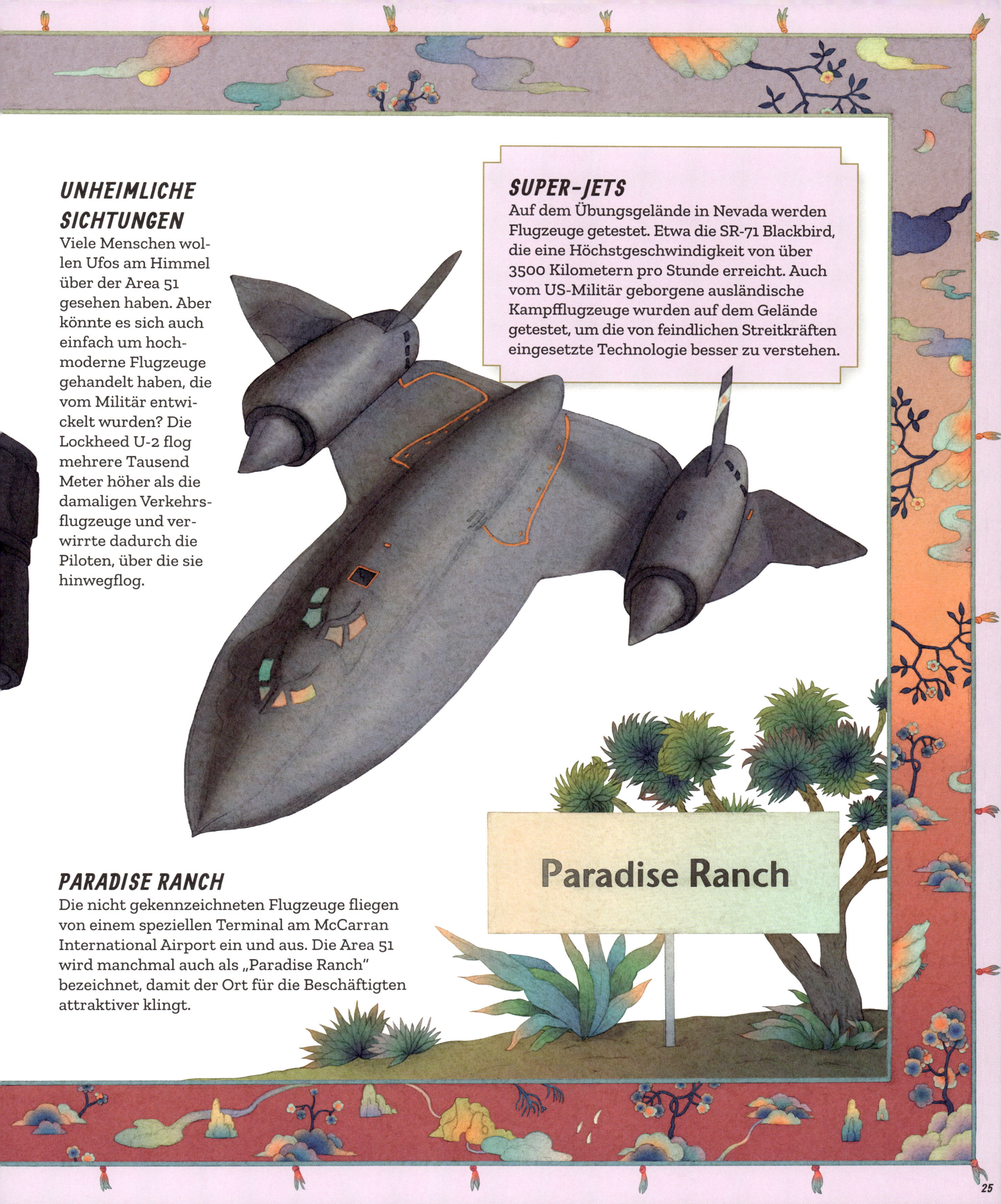

UNHEIMLICHE SICHTUNGEN

Viele Menschen wollen Ufos am Himmel über der Area 51 gesehen haben. Aber könnte es sich auch einfach um hochmoderne Flugzeuge gehandelt haben, die vom Militär entwickelt wurden? Die Lockheed U-2 flog mehrere Tausend Meter höher als die damaligen Verkehrsflugzeuge und verwirrte dadurch die Piloten, über die sie hinwegflog.

SUPER-JETS

Auf dem Übungsgelände in Nevada werden Flugzeuge getestet. Etwa die SR-71 Blackbird, die eine Höchstgeschwindigkeit von über 3500 Kilometern pro Stunde erreicht. Auch vom US-Militär geborgene ausländische Kampfflugzeuge wurden auf dem Gelände getestet, um die von feindlichen Streitkräften eingesetzte Technologie besser zu verstehen.

PARADISE RANCH

Die nicht gekennzeichneten Flugzeuge fliegen von einem speziellen Terminal am McCarran International Airport ein und aus. Die Area 51 wird manchmal auch als „Paradise Ranch" bezeichnet, damit der Ort für die Beschäftigten attraktiver klingt.

SCHLAFZIMMER DER QUEEN

– London, Großbritannien –

DER KÖNIGLICHE WOHNSITZ

Jedes Jahr strömen über eine halbe Million Neugierige in den Buckingham-Palast, die offizielle Residenz der britischen Monarchen. Ein Raum war jedoch absolut tabu: das Schlafzimmer Ihrer Majestät Königin Elizabeth II. Außer den Angestellten und ihrer Familie wusste niemand genau, wo es sich befand, und es gibt weder offizielle Fotos noch Beschreibungen. Bekannt ist jedoch, dass der Palast von der britischen Armee und dem Scotland Yard bewacht wird. Nachts harrte eine bewaffnete Wache vor ihrem Zimmer aus – in Pantoffeln, um Ihre Majestät nicht zu wecken. Also steig leise vom fliegenden Teppich, sonst weckst du die Corgis!

FREIE ZIMMER

Im Buckingham Palace gibt es über 775 Zimmer, darunter 19 Prunkräume, 52 Schlafzimmer für die königliche Familie und ihre Gäste, 188 Personalzimmer, 92 Büros und 78 Bäder. Außerdem gehört zum Palast der größte private Garten Londons, der fast 40 Hektar groß ist.

UNGEBETENER GAST

Der Einzige, der uns das Schlafzimmer der Queen genau beschreiben könnte, ist Michael Fagan. 1982 drang er in ihr Zimmer ein, nachdem er eine Regenrinne hochgeklettert war. Er behauptete, es sei ihm sogar zweimal gelungen, in den Palast einzubrechen.

DER PALAST DES VOLKES

Über 50.000 Personen sind jedes Jahr bei Staatsbanketten, Mittag- und Abendessen, Empfängen und Gartenfesten im Palast zu Gast. Das erklärt auch die 800 Angestellten, die innerhalb der Palastmauern ihren Dienst tun!

KÖNIGIN VICTORIA

Königin Victoria war die erste Monarchin, die den Buckingham Palace ab 1837 als offizielle Residenz nutzte. Als sie 1851 auf den Palastbalkon trat, begründete sie damit eine Tradition für alle nachfolgenden Majestäten.

LUXUSLEBEN

Im Palast gibt es auch eine Kapelle, ein Postamt, ein Hallenbad, eine Cafeteria für das Personal, eine Arztpraxis und ein Kino. Am größten ist jedoch der Ballsaal, ein Meisterwerk von 36,6 Metern Länge und 18 Metern Breite.

SOPHIECHEN UND DER RIESE

In diesem Buch von Roald Dahl besucht Sophie die Königin und beschreibt deren Schlafzimmer als großes, schönes Zimmer mit dickem Teppich, vergoldeten Stühlen, Schminktisch und Bett. Als sie beim Versuch sich einzuschleichen erwischt wird, hat Sophie Glück und erhält eine offizielle Einladung – im Gegensatz zu Michael Fagan!

SCHLANGEN-INSEL

– São Paulo, Brasilien –

WO DIE SCHLANGEN HERRSCHEN

Es gibt Orte, die man nicht betreten darf, und solche, die man nicht betreten möchte. Auf die Insel Queimada Grande trifft beides zu! Sie liegt 33 Kilometer vor der brasilianischen Küste und ist aus gutem Grund gesperrt: Hier wimmelt es von tödlichen Schlangen. Bis zu 4000 davon leben hier – im Gras, im Gebüsch und in den Bäumen. Und dabei handelt es sich nicht um irgendeine Schlange, sondern um die Insel-Lanzenotter, eine der giftigsten Vipern der Welt. Schon nach einem Biss kann sich dein Fleisch auflösen, fall also bloß nicht vom fliegenden Teppich herunter!

SCHLAUE JÄGER

Da es kaum kleine Säugetiere zu jagen gibt, ernährt sich diese Schlange hauptsächlich von zwei Vogelarten: dem südlichen Hauszaunkönig und dem Neuweltfliegenschnäpper. Dafür lauert sie im Baum auf ihre Beute und injiziert beim Angriff ein Gift, das so schnell wirkt, dass es den Vogel sofort betäubt.

SSSSS-STATISTIK

Studien zufolge könnten bis zu fünf Schlangen pro Quadratmeter auf der Insel leben – oder anders ausgedrückt: Würde man den Regenwald der Insel in Fußballfelder einteilen, kämen auf jedes Feld über 60 Schlangen und auf jeden Spieler mehr als zwei Schlangen! Damit herrscht auf der Schlangeninsel die höchste Giftschlangenkonzentration der Welt.

GEFÄHRLICHER BISS

Das Gift der Insel-Lanzenotter soll etwa fünfmal stärker sein als das jeder anderen Schlange Südamerikas. Es ist so stark, dass sich die Haut um die Bissstelle herum zersetzen kann, sobald die Schlange zubeißt.

TRAGISCHES ENDE

Die letzten Bewohner der Insel, ein Leuchtturmwärter und seine Familie, sollen an Schlangenbissen gestorben sein. Man erzählt sich, sie seien gebissen worden, als sie von der Insel fliehen wollten. Andere sagen, die Schlangen seien durch ein offenes Fenster in den Leuchtturm gekrochen. Jedenfalls ist die Insel nun schon seit über 100 Jahren unbewohnt.

NOTWENDIGE ANPASSUNG

Die Schlangen strandeten vor etwa 11.000 Jahren auf der Insel, als der ansteigende Meeresspiegel die Insel vom brasilianischen Festland abschnitt. Da als Beute fast nur Vögel zur Verfügung standen, die nach einem Biss schnell wegfliegen konnten, entwickelten die Schlangen ein rasch wirkendes Gift, das viel stärker ist als das der Festlandschlangen.

VATIKANISCHES „GEHEIMARCHIV“

– Rom, Italien –

DIE PRIVATSAMMLUNG DES PAPSTS

Neben der Vatikanischen Bibliothek befindet sich ein Ort, an dem jahrhundertealte Geheimnisse verborgen sind. In einem streng abgeschirmten Teil des Vatikans befinden sich 35.000 Bände historischer Dokumente, verteilt auf 85 Regalkilometer. Die mysteriöse Atmosphäre, die dieses Archiv umgibt, sorgt für Gerüchte darüber, was dort verborgen sein könnte. Manche glauben, es gebe dort geheimnisvolle Apparate, andere behaupten, man könne das Datum des Weltuntergangs erfahren. Sei auf der Hut, wenn du die Regale durchstöberst – nur ausgewiesene Gelehrte mit wirklichem Forschungsinteresse dürfen dieses Archiv betreten und ausschließlich Dokumente einsehen, die über 75 Jahre alt sind. Lass dir also eine gute Erklärung falls du erwischt wirst!

ABGEHOBENE VERMUTUNGEN

Eine der skurrilsten Theorien, die über den Inhalt des Vatikanischen Archivs im Umlauf sind, besagt, dass sich dort Dokumente befinden, die die Existenz außerirdischen Lebens beweisen – und dass in den festungsartigen Mauern des Archivs tatsächlich Außerirdische leben könnten!

VERBORGENE GEHEIMNISSE

Der italienische Priester und Wissenschaftler Pater Pellegrino Maria Ernetti soll ein Gerät erfunden haben, das viele in den Archiven vermuten. Der „Chronovisor" zeigt angeblich vergangene und zukünftige Ereignisse an und sei entwickelt worden, um Beweise für die Kreuzigung Christi aufzuzeichnen.

VISIONEN DER HÖLLE

Ein weiteres Dokument, das in den Archiven aufbewahrt wird, ist das letzte der drei Geheimnisse von Fátima – drei legendäre „Visionen", die drei Hirten in Portugal bei einer Erscheinung der Jungfrau Maria offenbart worden sein sollen. Das erste handelte von der Hölle. Das zweite bestätigte, dass auf den Ersten Weltkrieg ein zweiter folgen würde. Im Juni 2000 veröffentlichte der Vatikan das dritte Geheimnis, über dessen Echtheit seither spekuliert wird. Der Vatikan jedenfalls bestreitet die Geheimhaltung von „apokalyptischen Offenbarungen".

SPANNENDE BRIEFE

Im Archiv gibt es viele interessante Dokumente, die wirklich echt sind. Etwa eine 60 Meter lange Schriftrolle über den Prozess gegen die Tempelritter. Oder einen Brief, den die schottische Königin Maria Stuart wenige Monate vor ihrer Hinrichtung an Papst Sixtus V. schrieb. Und ein sehr wütendes Schreiben, das Papst Clemens VII. auffordert, König Heinrich VIII. die Annullierung seiner Ehe mit Katharina von Aragon zu gestatten, damit dieser Anne Boleyn heiraten könne.

UNTERIRDISCHER BUNKER

Das Archiv verfügt über einen Lesesaal für diejenigen, die das Glück haben, hineinzudürfen. Ein unterirdischer feuerfester Bunker schützt die wertvollsten und empfindlichsten Dokumente.

WAS STECKT HINTER DEM NAMEN?

Eher unbeabsichtigt lenkte der erste lateinische Name, Archivum Secretum Apostolicum Vaticanum, die Aufmerksamkeit auf das Archiv: Das lateinische *secretum* kann sowohl „geheim" als auch „privat" bedeuten. Bei „Vatikanisches Privatarchiv" kommt eher die Vorstellung von langweiligem Papierkram auf – klingt also nicht halb so interessant. Daher ließ der Papst 2019 den offiziellen Namen auf Vatikanisches Apostolisches Archiv kürzen.

HEILIGE STADT

Das Archiv befindet sich in der Vatikanstadt, dem kleinsten Land der Welt. Und obwohl es so klein ist, hat es enormen Einfluss auf Kultur und Religion. Hier befinden sich einige der wichtigsten religiösen Stätten und Kunstwerke der Welt, wie zum Beispiel der Petersdom.

GRAB DES DSCHINGIS KHAN

– Standort unbekannt –

DIE RUHESTÄTTE EINES LEGENDÄREN ANFÜHRERS

Dschingis Khan war einer der berühmtesten und mächtigsten Herrscher aller Zeiten. Man sollte meinen, dass sein Begräbnis im Jahr 1227 ein denkwürdiges Ereignis war. Wo und wie er begraben wurde, ist jedoch nicht bekannt. Es heißt, der Khan wollte seine Grabstätte geheim halten. Deshalb wurden die 2000 Menschen, die an seiner Beerdigung teilnahmen, von Soldaten umgebracht, die ihrerseits getötet wurden. Anschließend trampelte eine Horde Pferde über den Boden und ein Fluss wurde umgeleitet, um die Lage des Grabes zu tarnen. Bis heute weiß niemand, wo der große Mongolenführer ruht. Um seinen Geist nicht zu verärgern, fliegst du also am besten tief und bleibst unentdeckt.

KINDHEIT & JUGEND

Man weiß nicht viel über Dschingis Khans frühe Jahre. Da die Mongolen damals keine Schrift hatten, ist aus dieser Zeit nichts überliefert. Es gibt nicht mal ein glaubwürdiges Porträt. Sicher ist, dass er um 1162 als Sohn eines Stammesführers bei Delüün Boldog in Dadal geboren wurde. Sein Name lautete Temüdschin. Erst als er 1206 die mongolischen Stämme vereinigte, erhielt er den Namen Dschingis Khan (was wahrscheinlich „Universalherrscher" bedeutete).

VERGIFTETE KINDHEIT

Temüdschin hatte einen schweren Start ins Leben. Als er 9 Jahre alt war, wurde sein Vater, der Anführer seines Stammes, von einem verfeindeten Stamm vergiftet. Daraufhin wurden Temüdschin und seine Familie von ihrem Stamm verstoßen und waren gezwungen, in der mongolischen Steppe zu leben. Als er später entführt und versklavt wurde, gelang ihm die Flucht. Er baute eine Armee auf, die ihm den Ruf eines grimmigen Kriegers und Anführers einbrachte.

EIN RIESIGES REICH

Als Dschingis Khan ist er als Eroberer weiter Teile Zentralasiens und Chinas bekannt. Er gründete ein Reich, das zum größten zusammenhängenden Herrschaftsgebiet der Geschichte wurde. Als er starb, beherrschte er alles zwischen dem Pazifik und dem Kaspischen Meer ... und über ein Viertel der Weltbevölkerung!

SKRUPELLOSER ANFÜHRER

Der Khan war berüchtigt für seine Brutalität. Zwar gab er anderen Stämmen meist die Möglichkeit, sich seiner Herrschaft zu unterwerfen, aber wehe denen, die sich weigerten. Er soll gesagt haben: „Das größte Glück ist es, deinen Feind zu vernichten ... seine Städte in Schutt und Asche zu legen."

KRIEGSPFERDE

Zu Dschingis Khans Zeiten waren die Mongolen berühmte Reiter und Nomaden – sie zogen von Ort zu Ort. Da sie kein Land bewirtschaften mussten, konnten sie beliebig viele Pferde halten. Dies verschaffte ihren Armeen einen enormen Vorteil, da alle ihre Krieger beritten waren.

MYSTERIÖSER TOD

Dschingis Khan soll für den Tod von bis zu 40 Millionen Menschen verantwortlich sein. Wie er selbst zu Tode kam, weiß man nicht so genau – manche berichten von einer infizierten Wunde, andere von einem Sturz vom Pferd, wieder andere von Mord. Wie dem auch sei, die Liste seiner Feinde war bei seinem Tod jedenfalls ganz schön lang!

MARIANEN-GRABEN

– Westpazifischer Ozean –

DER TIEFSTE ORT DER ERDE

Viele waren schon am höchsten Punkt der Erde, aber nur wenige am tiefsten: auf dem Grund des Marianengrabens. Mach dich auf Ohrenschmerzen gefasst, wenn du mit deinem Teppich zum tiefsten Punkt des Marianengrabens hinabtauchst, denn er liegt 11.034 Meter unter dem Meeresspiegel. Das ist über 2 Kilometer tiefer als der Mount Everest hoch ist! Hier unten ist der Wasserdruck über 1000-mal höher als am Meeresspiegel. Das ist so, als würden 50 Jumbo-Jets auf dir lasten. Kein Wunder, dass erst sieben Menschen jemals so tief hinabgetaucht sind. Du bist der achte!

UNTER DRUCK

Die tiefste Stelle des Marianengrabens heißt Challengertief. Bei einer Tiefe von über 11 Kilometern unter dem Meeresspiegel ist es nicht verwunderlich, dass sich nur wenige so weit hinab gewagt haben. James Cameron, einer der berühmtesten, unternahm die Reise in einem Ein-Personen-Tauchboot mit 6,4 Zentimeter dicken Stahlwänden, die dem enormen Druck standhielten!

ERSTE ERKUNDUNG

Die erste bemannte Fahrt zum Marianengraben fand 1960 statt. Lieutenant Don Walsh und Jacques Piccard gingen für die US-Marine mit einem Bathyscaph genannten Tiefsee-U-Boot auf Tauchgang.

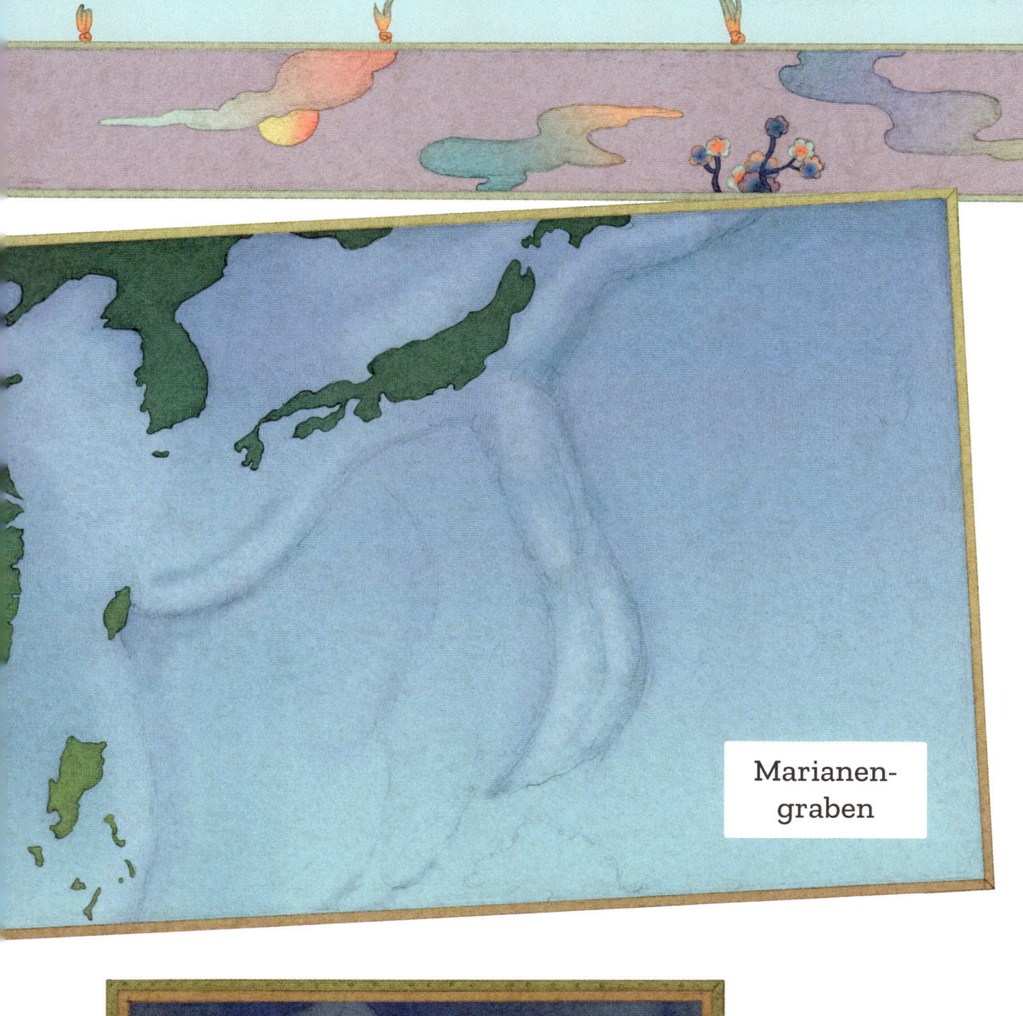

VERMESSUNG DES TIEFS

Der Marianengraben ist rund 2550 Kilometer lang, im Mittel 69 Kilometer breit und hat die Form eines Halbmondes.

UNTERWASSER-FRIEDHOF

Aufgrund des enormen Drucks, der völligen Dunkelheit und den Temperaturen um den Gefrierpunkt – zwischen 1 und 4 Grad Celsius – leben in dieser Tiefe keine Fische. Der Meeresboden ist gelblich gefärbt, weil sich dort die Überreste von Pflanzen und Tiere abgelagert haben.

LEBEN IN DER TIEFE

Zwar können gewöhnliche Fische im Marianengraben nicht überleben, dafür gedeihen andere Meeresbewohner prächtig. Es wurden dort Riesenamöben mit einem Durchmesser von über 10 Zentimetern entdeckt, aber auch Krebstiere und durchsichtige Meeresschnecken!

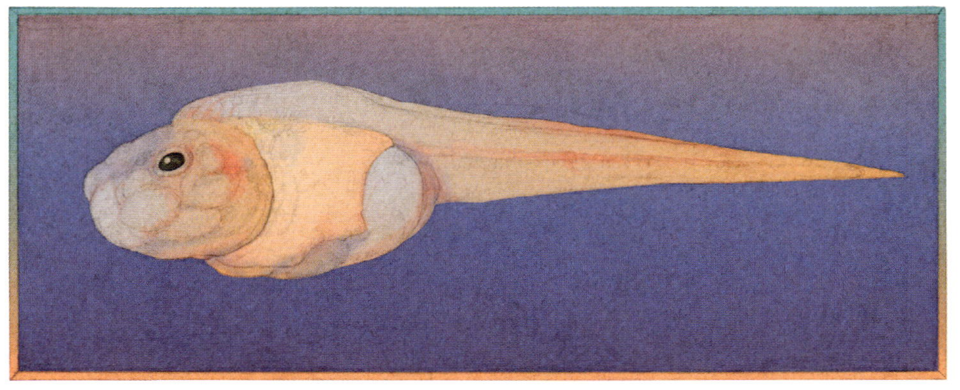

PRESIDENT OF THE UNITED STATES

AIR FORCE ONE

– Hoch am Himmel –

DAS FLUGZEUG DES PRÄSIDENTEN

Als Präsident der Vereinigten Staaten genießt man gewisse Vorteile, zu denen die Nutzung der Air Force One gehört. Zwar darf sich jedes Flugzeug, mit dem der Präsident reist, so nennen, doch in der Regel handelt es sich dabei um eine von zwei ganz bestimmten Maschinen einer Boeing 747-200B mit den Kennungen 28000 und 29000. Beide sind mit besonders sicherer Kommunikationstechnik sowie geschützter Bordelektronik ausgestattet und eignen sich perfekt als mobile Kommandozentralen. Sie können in der Luft betankt werden und so praktisch unbegrenzt weit fliegen. Also fast so wie ein fliegender Teppich!

FLIEGENDE FLITZER

Die zwei derzeit eingesetzten Flugzeuge erkennt man leicht an ihrer blau-weißen Lackierung. Sie sind extrem schnell und erreichen Geschwindigkeiten von über 1015 Kilometern pro Stunde – beinahe Schallgeschwindigkeit!

AIR FORCE TWO

Ist die Vizepräsidentin statt des Präsidenten an Bord, heißt das Flugzeug Air Force Two.

LANGSTRECKEN-FLUG

Normalerweise begleiten mehrere Frachtflugzeuge die Air Force One, damit der Präsident selbst an den abgelegensten Orten immer alles dabeihat.

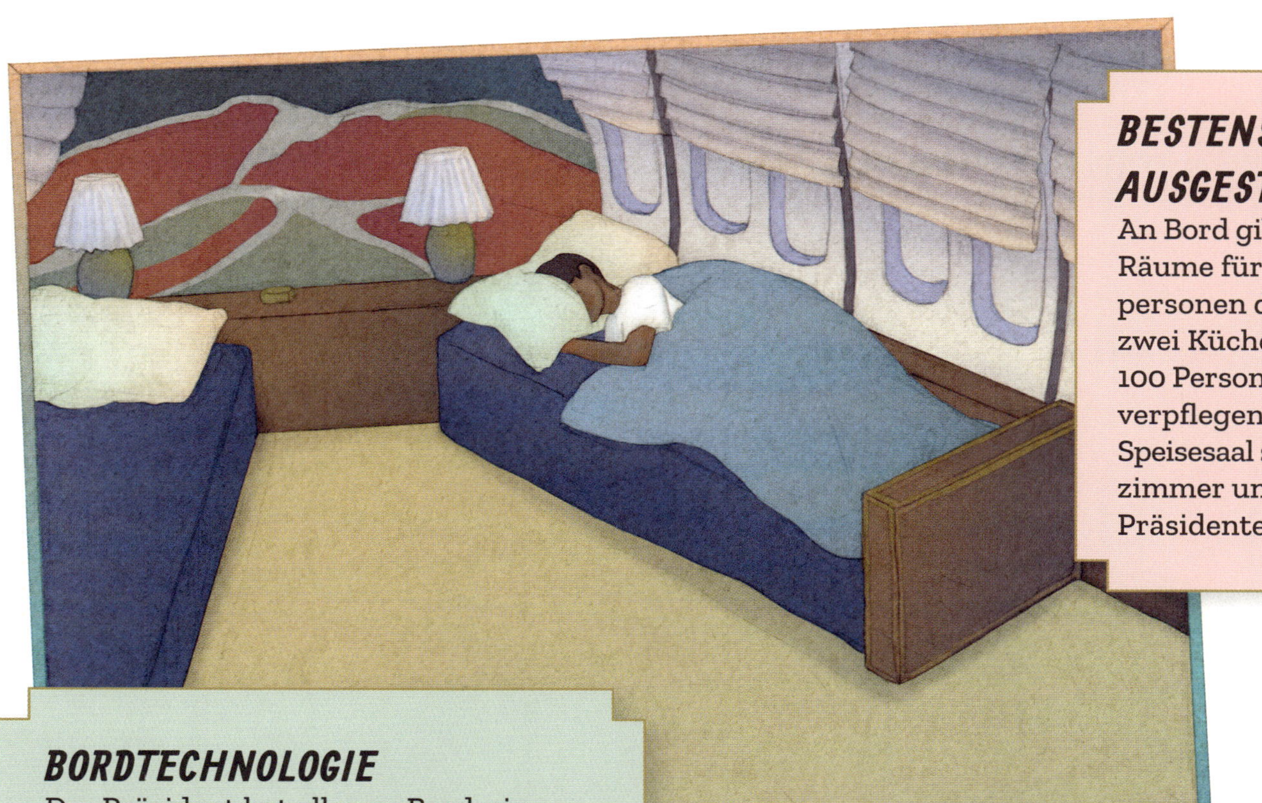

BESTENS AUSGESTATTET

An Bord gibt es zusätzliche Räume für die Begleitpersonen des Präsidenten, zwei Küchen, die bis zu 100 Personen gleichzeitig verpflegen können, einen Speisesaal sowie das Schlafzimmer und das Bad des Präsidenten.

BORDTECHNOLOGIE

Der Präsident hat alles an Bord, einschließlich sicherer Kommunikationstechnik, mit der Nachrichten ver- und entschlüsselt werden können. Außerdem gibt es WLAN, Multifrequenz-Funkgeräte und 85 Telefone! Zudem verfügt die Maschine über einen eigenen Konferenzraum.

IM NOTFALL

Für den Fall, dass jemand erkrankt, ist bei jedem Flug der Air Force One eine Ärztin oder ein Arzt an Bord. Im Flugzeug gibt es einen Behandlungsraum mit OP-Tisch, zwei Betten, einer voll ausgestatteten Apotheke und Wiederbelebungsgerät. Reist der Präsident ins Ausland, erwartet ihn ein medizinisches Team (das im Voraus eingeflogen wurde) vor Ort, das im Notfall übernimmt.

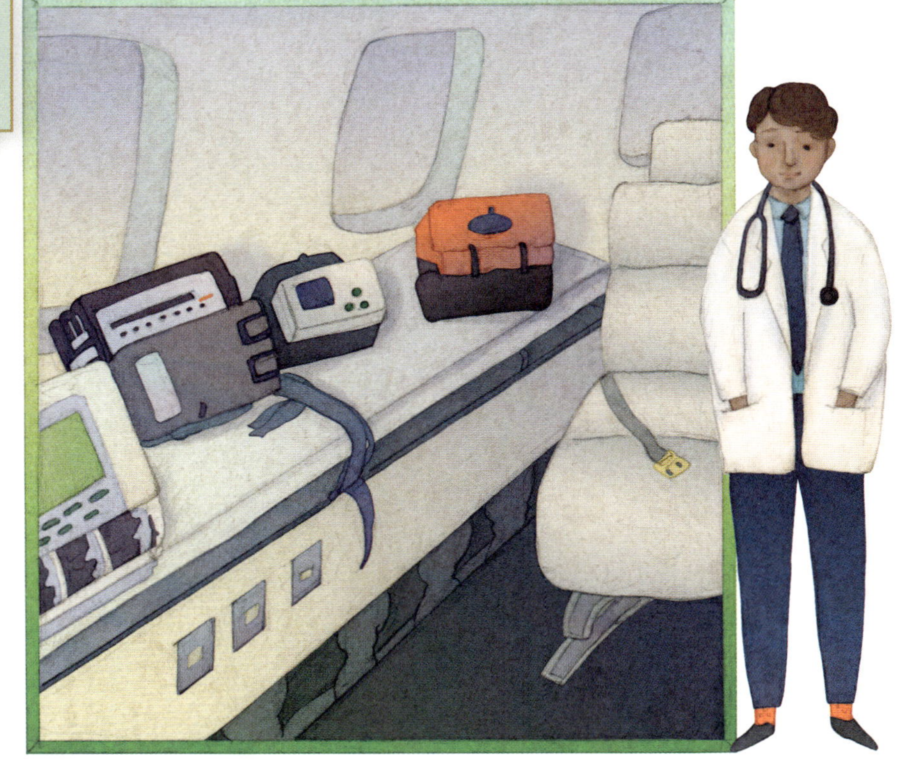

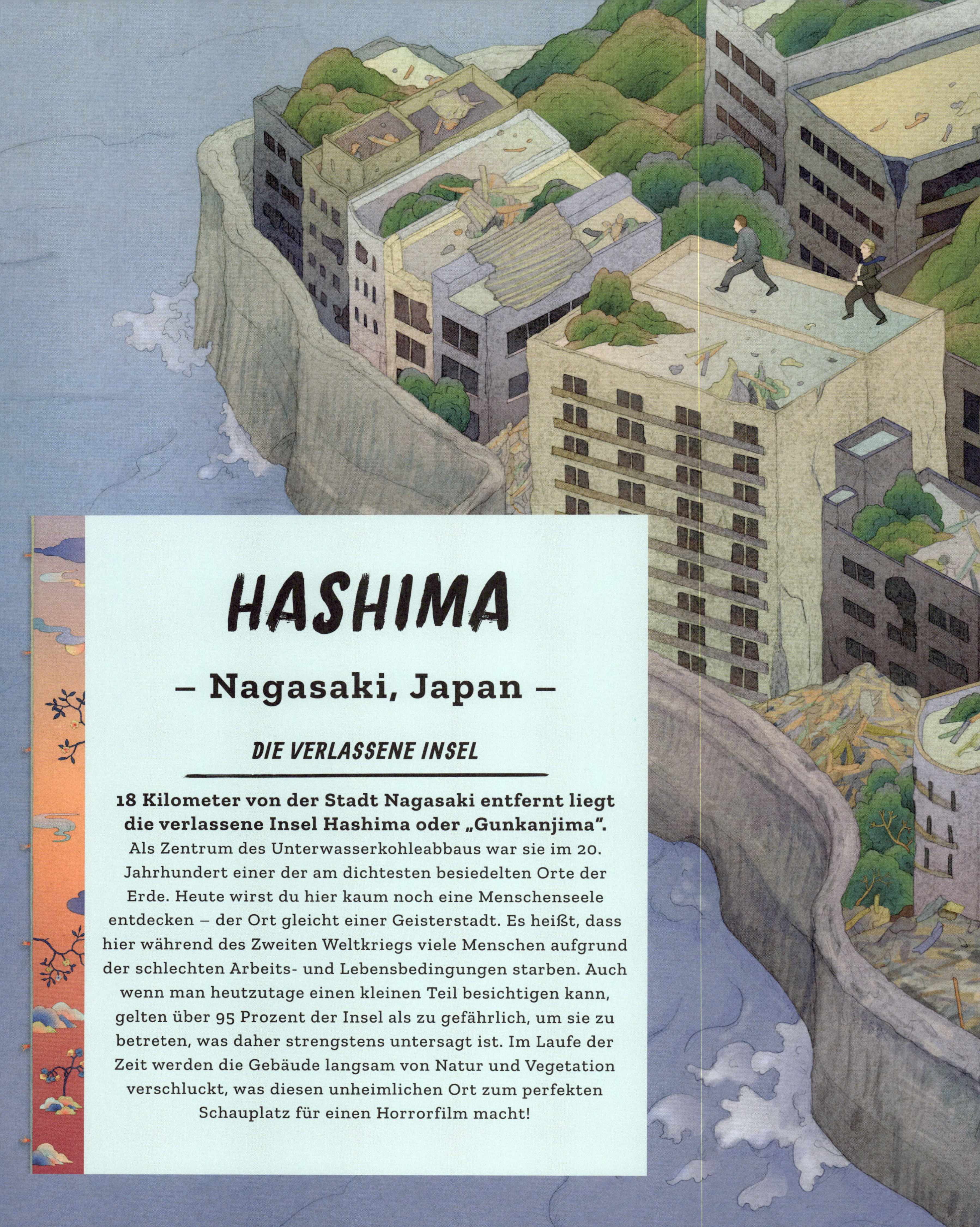

HASHIMA

– Nagasaki, Japan –

DIE VERLASSENE INSEL

18 Kilometer von der Stadt Nagasaki entfernt liegt die verlassene Insel Hashima oder „Gunkanjima". Als Zentrum des Unterwasserkohleabbaus war sie im 20. Jahrhundert einer der am dichtesten besiedelten Orte der Erde. Heute wirst du hier kaum noch eine Menschenseele entdecken – der Ort gleicht einer Geisterstadt. Es heißt, dass hier während des Zweiten Weltkriegs viele Menschen aufgrund der schlechten Arbeits- und Lebensbedingungen starben. Auch wenn man heutzutage einen kleinen Teil besichtigen kann, gelten über 95 Prozent der Insel als zu gefährlich, um sie zu betreten, was daher strengstens untersagt ist. Im Laufe der Zeit werden die Gebäude langsam von Natur und Vegetation verschluckt, was diesen unheimlichen Ort zum perfekten Schauplatz für einen Horrorfilm macht!

SCHWARZES GOLD

Fast 100 Jahre wurde auf Hashima Kohle abgebaut. Ab 1887 lebten hier zahlreiche Arbeitskräfte und 1959 war mit 5259 Personen der höchste Bevölkerungsstand erreicht. Doch um 1960 wurde Erdöl zur wichtigsten Energiequelle und die Kohlearbeiter wurden bis zur offiziellen Stilllegung der Insel im Jahr 1974 immer weniger.

EIN WELTWUNDER

Inzwischen steht Hashima unter Naturschutz und gehört seit 2015 offiziell zum UNESCO-Welterbe. Damit wird der Beitrag der Insel zur industriellen Revolution Japans ab den 1850er Jahren gewürdigt.

GEBAUT FÜR DIE EWIGKEIT

1916 wurde ein siebenstöckiger Wohnblock für die Beschäftigten errichtet. Es war das erste große Gebäude aus Stahlbeton in Japan und wurde so gebaut, dass es einem Taifun standhalten konnte.

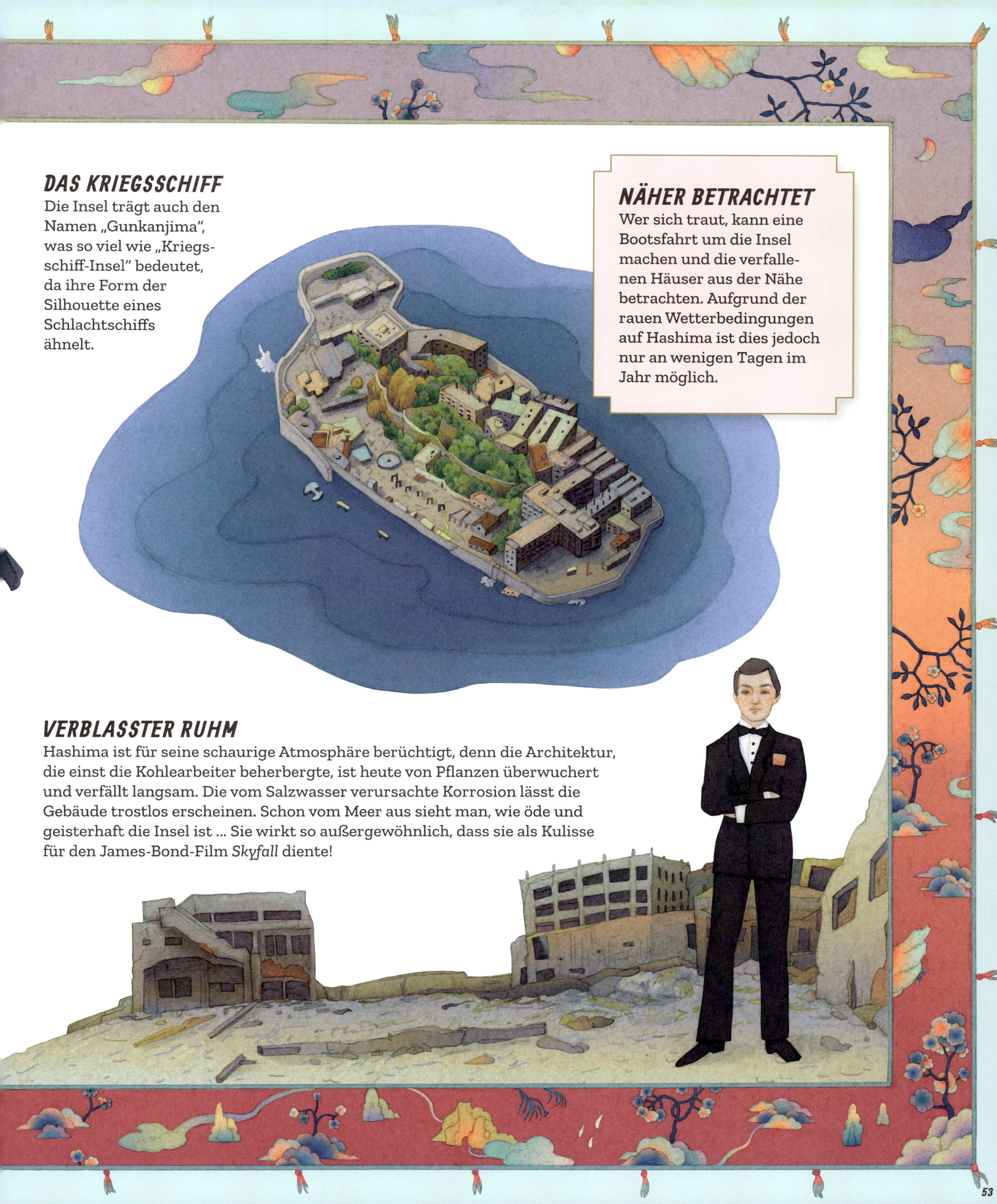

DAS KRIEGSSCHIFF

Die Insel trägt auch den Namen „Gunkanjima", was so viel wie „Kriegsschiff-Insel" bedeutet, da ihre Form der Silhouette eines Schlachtschiffs ähnelt.

NÄHER BETRACHTET

Wer sich traut, kann eine Bootsfahrt um die Insel machen und die verfallenen Häuser aus der Nähe betrachten. Aufgrund der rauen Wetterbedingungen auf Hashima ist dies jedoch nur an wenigen Tagen im Jahr möglich.

VERBLASSTER RUHM

Hashima ist für seine schaurige Atmosphäre berüchtigt, denn die Architektur, die einst die Kohlearbeiter beherbergte, ist heute von Pflanzen überwuchert und verfällt langsam. Die vom Salzwasser verursachte Korrosion lässt die Gebäude trostlos erscheinen. Schon vom Meer aus sieht man, wie öde und geisterhaft die Insel ist ... Sie wirkt so außergewöhnlich, dass sie als Kulisse für den James-Bond-Film *Skyfall* diente!

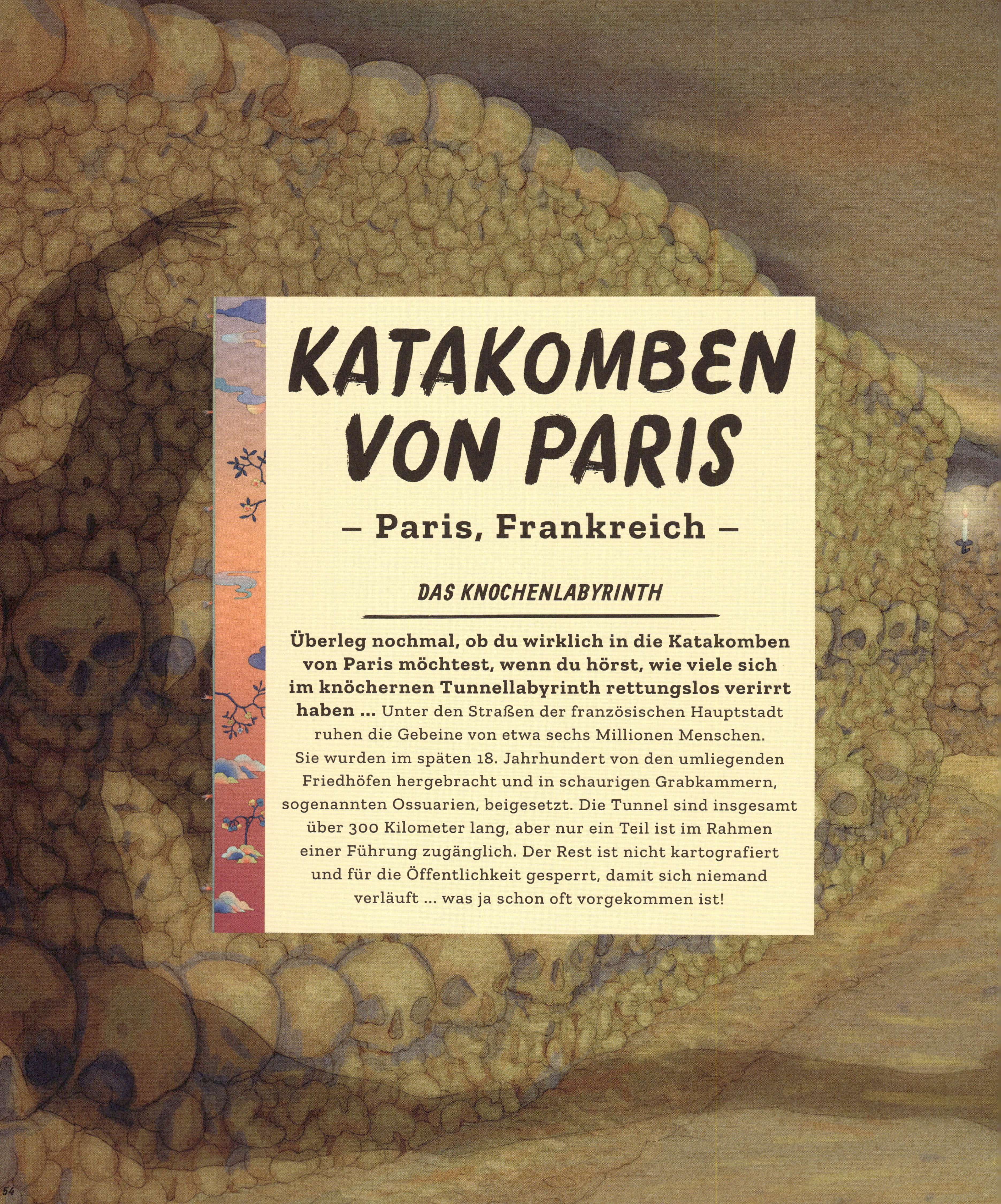

KATAKOMBEN VON PARIS

– Paris, Frankreich –

DAS KNOCHENLABYRINTH

Überleg nochmal, ob du wirklich in die Katakomben von Paris möchtest, wenn du hörst, wie viele sich im knöchernen Tunnellabyrinth rettungslos verirrt haben … Unter den Straßen der französischen Hauptstadt ruhen die Gebeine von etwa sechs Millionen Menschen. Sie wurden im späten 18. Jahrhundert von den umliegenden Friedhöfen hergebracht und in schaurigen Grabkammern, sogenannten Ossuarien, beigesetzt. Die Tunnel sind insgesamt über 300 Kilometer lang, aber nur ein Teil ist im Rahmen einer Führung zugänglich. Der Rest ist nicht kartografiert und für die Öffentlichkeit gesperrt, damit sich niemand verläuft … was ja schon oft vorgekommen ist!

GEBEINE VOM
CIMETIÈRE DES
INNOCENTS,
NIEDERGELEGT
1788

ZWECKENTFREMDET

Ursprünglich waren die Tunnel Steinbrüche, die jedoch nach schweren Erdeinbrüchen Mitte des 18. Jahrhunderts stillgelegt wurden.

DEKORATIVE GEBEINE

Im großen Beinhaus liegen die meisten Knochen versteckt hinter einer Wand, die aus in Reihen übereinandergestapelten Beinknochen und Schädeln besteht. Die Knochen sind unter anderem kreis- oder herzförmig angeordnet. Am bekanntesten ist das so genannte „Fass" – eine riesige Säule aus fein säuberlich angeordneten Schädeln und Schienbeinen.

ÜBERFÜLLTE METROPOLE

Die ersten menschlichen Überreste wurden 1785 in die Tunnel gebracht, hauptsächlich vom damals größten Friedhof von Paris, dem Cimetière des Innocents. Denn die Stadt wuchs schnell und es fehlte an Platz für die Bestattung der Toten. Um die Ausbreitung von Krankheiten zu verhindern, bettete man die sterblichen Überreste um.

RÖMISCHE NAMENSGEBER

Die Katakomben sind nach den etwa 60 unterirdischen Grabstätten, die man unter dem Stadtgebiet von Rom fand, benannt.

AUF IRRWEGEN

Sie wurden 1809 für die Allgemeinheit geöffnet und entwickelten sich zu einem Anziehungspunkt – für die Lebenden und die Toten. 2017 wurden zwei verirrte Teenager nach 3 Tagen mit Unterkühlung aus den Katakomben geborgen.

GEHEIMGESELLSCHAFTEN

Seit Jahrhunderten sind die Katakomben Schauplatz aller möglichen Geheimaktivitäten. 2004 trat die Polizei trotz eines Schildes mit der Aufschrift „Baustelle: Betreten verboten" ein, was ein Tonband mit Wachhund-Gebell auslöste. Sie entdeckte eine 400 Quadratmeter große Höhle mit Kinoleinwand und in den Fels gehauenen Sitzplätzen, wie bei einem Amphitheater.

SIX FLAGS

– Louisiana, USA –

DIE SPUR DER ZERSTÖRUNG

Normalerweise verbringt man in Vergnügungsparks sehr viel Zeit mit Anstehen und Warten. Aber im Six-Flags-Freizeitpark in New Orleans gibt es keine Warteschlangen … und auch keine Fahrgeschäfte. Er wurde geschlossen, nachdem Hurrikan Katrina 2005 den US-Bundestaat Louisiana verwüstet und der Park lange meterhoch unter Wasser gestanden hatte. Heute ist das 140 Hektar große Gelände menschenleer und wird von der Polizei bewacht. Das Piratenschiff, die Achterbahn, das Riesenrad und der Autoscooter rosten vor sich hin. Nur die zirpenden Zikaden, die sich hier niedergelassen haben, sind zu hören … Und das Vorbeirauschen deines Teppichs.

GANZ GROSSES KINO

Wenn du einen verlassenen Freizeitpark für DIE perfekte Filmkulisse hältst, liegst du richtig. Teile von *Jurassic World* und *Percy Jackson: Im Bann des Zyklopen* wurden hier gedreht. Aber Achtung: Das Betreten ist streng verboten, es sei denn, du hast eine Sondergenehmigung.

ZUKUNFTSPLÄNE

Seit der Schließung gab es viele Ideen für die weitere Nutzung des Parks, etwa die Umwandlung in ein Einkaufszentrum oder die Wiedereröffnung als neuer Themenpark, aber keine wurde umgesetzt.

DIE NATUR KEHRT ZURÜCK

Nach und nach erobert sich die Natur den Park zurück: Auf einigen Fahrgeschäften wachsen Pflanzen und sogar Bäume. Außerdem haben wilde Tiere wie Wildschweine, Schlangen und sogar Alligatoren Einzug in den Freizeitpark gehalten.

JAZZLAND

Der Park wurde im Jahr 2000 unter dem Namen „Jazzland" eröffnet, da New Orleans als Geburtsstätte des Jazz gilt.

NATURKATASTROPHE

Katrina war einer der schlimmsten Hurrikans in der Geschichte der USA. Er richtete Sachschäden in Höhe von 160 Milliarden US-Dollar an und forderte mindestens 1800 Todesopfer.

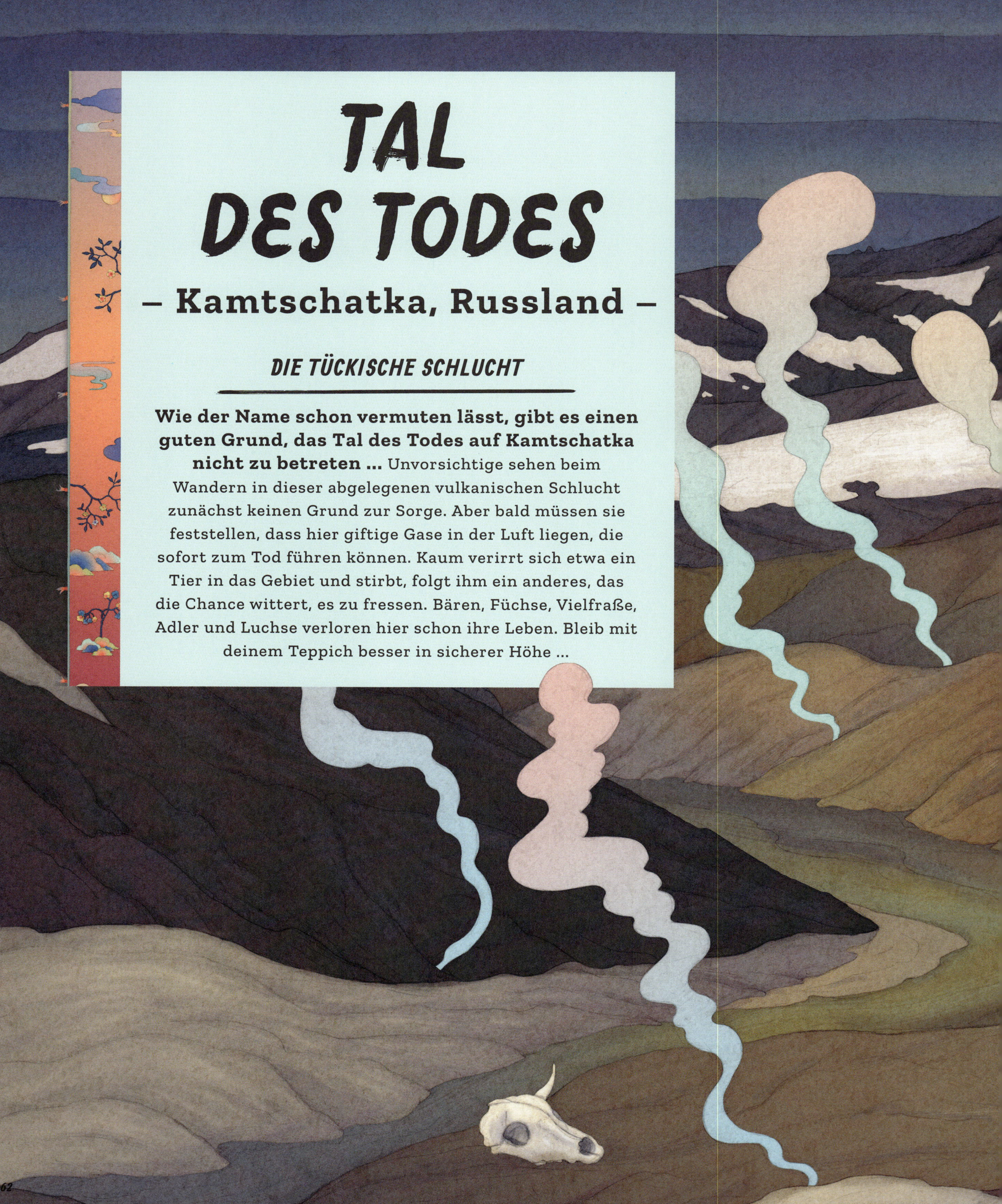

TAL DES TODES

– Kamtschatka, Russland –

DIE TÜCKISCHE SCHLUCHT

Wie der Name schon vermuten lässt, gibt es einen guten Grund, das Tal des Todes auf Kamtschatka nicht zu betreten ... Unvorsichtige sehen beim Wandern in dieser abgelegenen vulkanischen Schlucht zunächst keinen Grund zur Sorge. Aber bald müssen sie feststellen, dass hier giftige Gase in der Luft liegen, die sofort zum Tod führen können. Kaum verirrt sich etwa ein Tier in das Gebiet und stirbt, folgt ihm ein anderes, das die Chance wittert, es zu fressen. Bären, Füchse, Vielfraße, Adler und Luchse verloren hier schon ihre Leben. Bleib mit deinem Teppich besser in sicherer Höhe ...

RÄUBER & BEUTE

Das Gasgemisch in diesem Tal führt dazu, dass Tierkadaver nur sehr langsam verwesen … und so über lange Zeit hinweg andere Tiere anlocken. Bei der Entdeckung des Tals wurden über 200 Tier- und Vogelkadaver gesammelt. Die meisten davon waren Nagetiere und kleine Vögel, aber es waren auch größere Tiere wie Bären, Füchse und Adler im Tal des Todes verendet.

KOCHEND HEISS

Das Tal des Todes ist 2 Kilometer lang und zwischen 100 und 500 Metern breit. Es liegt am Fuß des Vulkans Kikhpinych und 7 Kilometer vom Tal der Geysire entfernt, einem Gebiet mit über 40 Geysiren (heißen Quellen).

GANZ SCHÖN NAH

Zwar waren in der Nähe bereits früher geologische Untersuchungen durchgeführt worden, aber das Tal des Todes wurde erst 1975 entdeckt, als der Vulkanologe V. L. Leonov auf ein Gebiet voller Tierkadaver stieß. Noch beunruhigender: Der Hauptteil des Tals – der „Haupttodesgrund" – lag nur 300 Meter von einem Wanderweg mit Rastplatz entfernt!

GIFTIGE DÄMPFE

Die hohe Konzentration gefährlicher Gase wie Schwefelwasserstoff, Kohlendioxid und Schwefelkohlenstoff macht das Tal zu einer tödlichen Gefahr für alle, die es betreten.

SICHERE AUSSICHT

Ohne fliegenden Teppich kannst du das Tal des Todes leider nur von einer speziellen Aussichtsplattform aus betrachten, die in sicherer Entfernung errichtet wurde.

WARNZEICHEN

Wenn die Forschungsteams vor Ort bei sich selbst Kopfschmerzen, Überhitzung, Schwindel oder allgemeine Schwäche bemerken, wissen sie, dass sie schnellstens wegmüssen! Oft klettern sie dann höher, um frische Luft zu schnappen, und erholen sich relativ schnell von den gefährlichen Dämpfen.

C
1
1
D
E
1
1
F

WELTWEITER SAATGUT-TRESOR

– Spitzbergen, Norwegen –

DIE RETTENDEN SAMENKÖRNER

Dass Tiere aussterben können, wie einst die Dinosaurier, weiß jeder. Aber was ist mit den Pflanzen, die wir essen? Damit sie nicht aussterben, wurde tief in einem Berg auf einer abgelegenen Insel, zwischen dem norwegischen Festland und dem Nordpol, der Svalbard Global Seed Vault eingerichtet. Er enthält derzeit „Reservesamen" von über einer Million verschiedener Pflanzensorten aus der ganzen Welt. Damit das Saatgut dort sicher ist, dürfen Privatpersonen den Tresor nicht betreten. Und auch wenn du müde bist, nachdem du mit deinem Teppich so weit geflogen bist: Nimm dich vor den Eisbären in Acht, die können gefährlich werden!

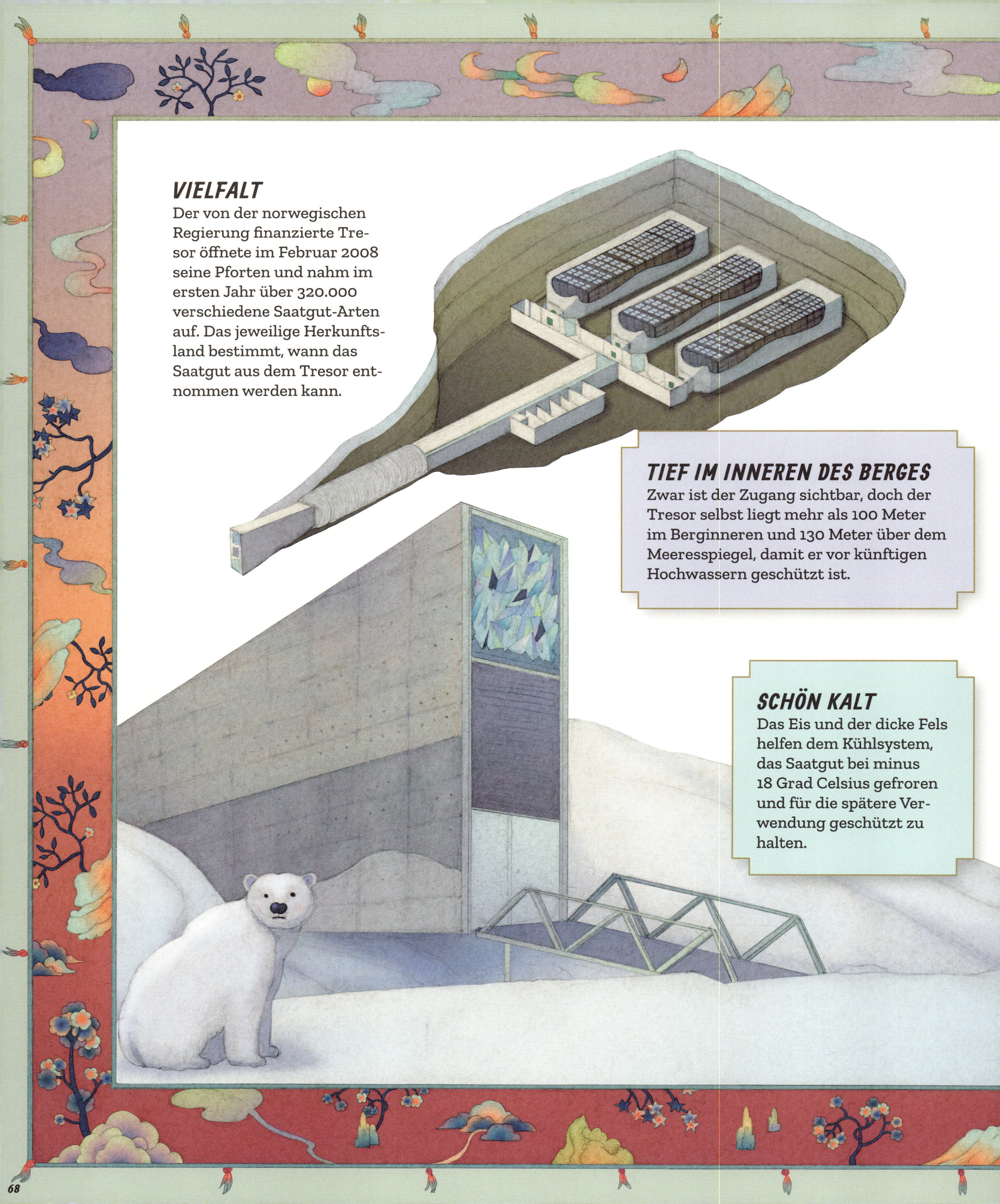

VIELFALT

Der von der norwegischen Regierung finanzierte Tresor öffnete im Februar 2008 seine Pforten und nahm im ersten Jahr über 320.000 verschiedene Saatgut-Arten auf. Das jeweilige Herkunftsland bestimmt, wann das Saatgut aus dem Tresor entnommen werden kann.

TIEF IM INNEREN DES BERGES

Zwar ist der Zugang sichtbar, doch der Tresor selbst liegt mehr als 100 Meter im Berginneren und 130 Meter über dem Meeresspiegel, damit er vor künftigen Hochwassern geschützt ist.

SCHÖN KALT

Das Eis und der dicke Fels helfen dem Kühlsystem, das Saatgut bei minus 18 Grad Celsius gefroren und für die spätere Verwendung geschützt zu halten.

PFLANZENBUNKER

Weltweit gibt es über 1700 solcher Genbanken. Der Tresor auf Spitzbergen sichert diese nochmals ab, für den Fall eines Krieges, eines Unglücks oder einer Fehlfunktion. Er wurde so gebaut, dass er jeder Art von Natur- oder menschengemachter Katastrophe standhält.

REICHLICH PLATZ

Der Tresor kann bis zu 4,5 Millionen Pflanzensorten und 2,5 Milliarden Einzelsamen aufnehmen. Er enthält derzeit über eine Million Saatgutproben aus aller Welt. Damit handelt es sich um die weltweit umfangreichste Sammlung von Nahrungspflanzen-Saatgut.

ABGELEGEN

Spitzbergen ist der nördlichste Punkt, den man mit einem Linienflug erreichen kann – so weit vom Rest der Welt entfernt, wie es nur geht.

BERNSTEIN-ZIMMER

– Verbleib unbekannt –

DAS „ACHTE WELTWUNDER"

Das Bernsteinzimmer war ein Geschenk des preußischen Königs Friedrich Wilhelm I. an den russischen Zaren Peter den Großen. Es bestand fast vollständig aus einem durchscheinenden Edelstein namens – du hast es erraten – Bernstein. 1755 wurde es im prächtigen Katharinenpalast eingerichtet. Mit einem Wert von fast 250 Millionen Euro wäre es heute ein beeindruckender Anblick ... wenn man wüsste, wo es abgeblieben ist! Als die Nazis 1941 in die Sowjetunion einmarschierten, plünderten sie den Palast und brachten die Bernsteintafeln in ein deutsches Schloss – und hier endet die Geschichte. Niemand weiß, was nach dem Krieg mit dem Zimmer geschah ... Vielleicht braucht man ja einen Zauberteppich, um es aufzuspüren?

VERBORGENER SCHATZ

Während des Zweiten Weltkrieges hatten Nazi-Soldaten den Auftrag, wertvolle Kunstwerke aufzuspüren und als Kriegsbeute nach Deutschland zu bringen. Man weiß, dass sie die wertvollen Funde an schwer zugänglichen Orten versteckten, ohne sie zu dokumentieren.

NAZI-PLÜNDERER

Man geht davon aus, dass die Nazis etwa jedes fünfte Kunstwerk in Europa raubten, unter anderem berühmte Gemälde von Raffael, Vermeer und Michelangelo, aber auch moderne Meisterwerke von van Gogh, Klimt und Pissarro. Schätzungen zufolge sind noch rund 100.000 Stücke verschollen, darunter Objekte aus Kristall und Silber.

GESCHEITERTER PLAN

Als die Nazis vorrückten, versuchte die sowjetische Verwaltung, die Bernsteintafeln unter einer Tapete zu verstecken. Aber die Soldaten ließen sich nicht täuschen. Sie rissen das Bernsteinzimmer heraus, verpackten es in 27 Kisten und transportierten es zum Schloss Königsberg, wo es laut Berichten 2 Jahre lang ausgestellt wurde.

BERNSTEINHARZ

Bernstein ist eigentlich versteinertes Baumharz, in dem – wie im Film *Jurassic Park* – manchmal kleine Tiere und Pflanzen eingeschlossen sind. Für das Bernsteinzimmer wurden über 6 Tonnen davon verwendet, etwa für die wunderschön verzierte Vertäfelung.

VERSUNKENER SCHATZ

Viele glauben, dass die Tafeln 1944 bei einem Luftangriff auf das Königsberger Schloss versehentlich von der Sowjetarmee zerstört wurden. Andere berichten, dass sie mit dem Nazi-Schiff *Wilhelm Gustloff* untergingen, als es 1945 von einem sowjetischen U-Boot versenkt wurde.

DAS ZWEITE BERNSTEINZIMMER

1979 wurde im Katharinenpalast ein Nachbau des Zimmers – ebenfalls aus Bernstein – begonnen. 2003 wurde es schließlich für Besucher geöffnet.

SURTSEY

– Atlantischer Ozean –

DAS UNBERÜHRTE ÖKOSYSTEM

Wolltest du schon immer einen unberührten Fleck Natur besuchen? Nur 32 Kilometer vor der Südküste Islands liegt die Insel Surtsey, die in den 1960er Jahren durch Vulkanausbrüche entstand. Seither ist sie vor menschlichen Eingriffen geschützt. Unbefugten ist es verboten, an Land zu gehen, in den umliegenden Gewässern zu tauchen, die Natur zu stören, Müll zu hinterlassen oder fremde Organismen, Mineralien oder Erde einzubringen. Die einzigen, die Surtsey betreten dürfen, sind umsichtige Forschungsteams, die beobachten, wie Tiere und Pflanzen neues Land besiedeln. Unglaubliche 89 Vogelarten und 335 Arten von Wirbellosen wurden schon gezählt. Flieg auf dieser letzten Etappe deiner Reise lieber hoch genug – sonst wirst du mitgezählt!

NATURPARADIES

Auf der Insel leben zahlreiche Tiere wie Robben, Papageientaucher, Möwen, Eissturmvögel und Trottellummen, aber auch Schnecken, Spinnen und Käfer. 3 Jahre nach dem Ende der Ausbrüche brüteten die ersten Vögel auf der Vulkaninsel und nutzten die Pflanzen zum Nestbau. Eine Möwenkolonie wurde 1984 dort gesichtet, während Papageientaucher erst seit 2004 auf der Insel nisten.

SICHERHEITSABSTAND

Als Normalsterblicher schaut man sich Surtsey am besten nur aus dem Fenster eines Flugzeugs an, während es über die Insel fliegt. Sonst bekommt man einen Riesenärger!

DER FEUERRIESE

Surtsey wurde nach Surt, einem Feuerriesen aus der nordischen Mythologie, benannt. Die Insel entstand nämlich durch Vulkanausbrüche, die eine über 9 Kilometer hohe Aschesäule ausstießen!

WUNDER DER WISSENSCHAFT

Surtsey gehört zum UNESCO-Welterbe, weil die Insel als unberührtes Naturlabor von enormem wissenschaftlichem Wert ist. Sie gibt der Forschung Aufschluss darüber, wie Pflanzen und Tiere neues Land besiedeln.

GUANO-DÜNGER

Die zunehmende Population von Seevögeln ist deshalb so wichtig, weil ihr Kot – Guano genannt – den Pflanzen auf der Insel als wertvoller Dünger dient. Die erste Pflanze auf Surtsey spross im Frühjahr 1965, gefolgt von Moosen im Jahr 1967 und Flechten im Jahr 1970. In den ersten 20 Jahren nach der Entstehung der Insel wurden 20 Pflanzenarten nachgewiesen.

SCHRUMPF-INSEL

Der Vulkanausbruch, durch den Surtsey entstand, dauerte von November 1963 bis Juni 1967. Weil sich die Insel an den Küsten abträgt, hat sich ihre Größe seitdem bereits halbiert. Man schätzt, dass die Küstenerosion nochmal zwei Drittel abtragen wird, bevor sie sich verlangsamt.

Dieses Buch ist Teil unseres Programms E. A. SEEMANNs BILDERBANDE. Es umfasst Bücher und Spiele, die Kindern mit viel Spaß die bunte Welt der Kultur eröffnen: Malerei, Architektur und Kulturgeschichte, Musik, Oper, Theater und Tanz. Die BILDERBANDE macht Bücher zum Entdecken, Geschichten zum Vorlesen und Spiele.

in der E. A. Seemann Henschel GmbH & Co. KG,
Karl-Tauchnitz-Str. 6, 04107 Leipzig
seemann-henschel.de
instagram.com/seemann_henschel_verlagsgruppe
facebook.com/seemann.henschel
pinterest.de/seemann_henschel

Projektleitung: Nora Schröder
Lektorat: Alexis Kelly, Carolin Zimmermann
Satz: Gudrun Hommers, Berlin

Erstmals erschienen 2020 unter dem Titel *The Magic Carpet's Guide to Earth's Forbidden Places* bei Magic Cat Publishing Ltd., Unit 2, Empress Work, 24 Grove Passage, London E2 9FQ, Großbritannien.

Bibliografische Information der Deutschen Nationalbibliothek
Die Deutsche Nationalbibliothek verzeichnet diese Publikation in der Deutschen Nationalbibliografie; detaillierte bibliografische Daten sind im Internet über http://dnb.dnb.de abrufbar.

ISBN 978-3-86502-538-8